JN411241

그 여자, 캄캄한 달빛

세종마루시선 005

그 여자, 캄캄한 달빛

2021년 8월 25일 초판 1쇄 발행

지은이 이은숙
펴낸이 윤영진
기획 이은봉 김백겸 김영호 최광 성배순
홍보 함순례
펴낸곳 도서출판 심지
등록 제 2003-000014호
주소 34570 대전광역시 동구 대전천북로 12
전화 042 635 9942
팩스 042 635 9941
전자우편 simji42@hanmail.net

ISBN 978-89-6627-204-4 03810

* 이 책은 세종특별자치시와 세종시문화재단의 후원으로 발간되었습니다.

세종마루시선
005

그 여자, 캄캄한 달빛

이은숙 시집

시인의 말

내 생에 또 하나의 걸음을 떼는 지금, 첫 시집이 태어납니다.

2021년 여름

이은숙

차례

제1부

제2부

제3부

제4부

〈일러두기〉

*본문에서 〉는 '단락 공백 표시'로 한 연이 새로 시작된다는 표시이다.

제1부

생명의 전화

마음의 감기를 앓고 있는 당신에게 소중한 생명을 사랑하자는 메시지를 전하려고 생명 지킴이가 된다
OECD국가에서 자살률 1위라는 불명예를 굳건히 지키고 있는 대한민국
마음의 폐렴이 깊어진 당신에게 살아 있다는 감정이 소중하다는 말을 전하려고 전화기를 든다

생명의 전화—상담소 전화기는 늘 쉴 새 없이 울리고
생명의 전화—줄을 타고 도착하는 울부짖는 목소리는 분노와 한이 담겨 있네
사막의 능선에서 보름달을 향해 홀로 울부짖는 늑대처럼

슬픈 목소리는 말하지
젊은 남자가 군에서 선임에게 묻지마 폭행을 당해 트라우마가 생겼다고
슬픈 목소리는 말하지
젊은 여자가 어릴 때 오빠처럼 배우지 못하고 일하는 사회로 내보낸 엄마가 원망스럽다고
슬픈 목소리는 말하지

중년의 가장이 몸이 아파 가족부양을 할 수 없는 현실이 힘들다고

슬픈 목소리는 말하지

사랑에 굶주린 자가 배신당한 분노에 쌓여 온몸을 칼로 긋는 자해로 자신을 처벌한다고

슬픈 목소리는 말하지

남편의 폭력으로 자존감이 그릇처럼 부서지고 이를 배운 아이들이 아비를 닮아가기에 내면의 상처에서 피를 흘리고 있다고

아비지옥 같은 세상에서 사랑에 굶주린 사람들이 고통을 호소하네

아비지옥 같은 현실에서 벗어나지 못하는 개미들이 비명을 지르네

이 지옥 같은 삶에서 벗어나고 싶다고

이 사막 같은 현실을 지나 푸른 숲의 자유와 오아시스의 행복이 있는 세상에서 살고 싶다고

한 줄기 희망은 '생명의 전화'에 전화를 하고

한 줄기 희망 '생명의 전화'는 그 슬픈 이야기를 들어주고

한 줄기 희망 '생명의 전화'는 그 희망을 다시 이야기해 준다

인간은 마음에 피 흘리는 상처가 치유되어야만 재활의 삶으로 걸어갈 수 있기에

한 줄기 희망이 때로는 나의 아팠던 과거를 펼쳐서 홀로 있음이 아님을 알려주고

한 줄기 희망이 당신처럼 과거에 상처 받은 내가 희망을 주는 일을 하게 되었음을 말한다

한 줄기 희망이 그들과 함께 현실의 어두운 숲에서 햇빛이 환한 공감의 광장으로 손잡고 나간다

생명의 전화에서 만난 다양한 사람들의 힘든 삶–인생의 상처를 파워포인트로 만들어 교육을 간다

자살 예방 교육현장에서 만나는 또 다른 사람들에게 생명의 감수성을 터치하고 회복시키려 교육을 간다

창의재단에서 기획한 재능기부 프로그램에 참가해 아픈 심장처럼 엔진이 털털거리는 기아 모닝차를 끌고 사회

의 상처에 옥도정기를 바르러 간다

사랑하는 당신들, 살아가야 하는 이유를 너무 거창하게 생각하지 말라고

사랑하는 당신들, 때로는 한 잔의 맥주와 스파게티가 있는 식사 때문에 살맛이 난다고

사랑하는 당신들, 때로는 한 잔의 소주와 삼겹살이 있는 자리 때문에 살맛이 난다고

사랑하는 당신들, 때로는 내 앞에 있는 리차드 기어나 레오나르도 디카프리오를 닮은 사람이 있기에 살맛이 나기도 한다고

사랑하는 당신들, 행복은 생각보다 작은 것에 있다고

가난한 집으로 가는 길에는 캄캄한 달빛이 있다

50을 넘긴 여자가 어머니를 생각하면 그 옛날 외가로 가던 길에 찬바람이 분다
언제부터인가
그때 찬바람이 지나간 가슴속 구멍들이 대나무 죽순처럼 커지기 시작한다

50을 넘긴 여자가 낮잠에서 깨어보면 외가의 낯선 천장이 천 길 낭떠러지처럼 내려온다
50을 넘긴 여자가 21세기의 생명—화폐의 성공을 찾기 전에는 자신이 태어난 집에 갈 수 없다는 암시의 절망처럼

어머니의 어머니는 가난에 홍부네 박처럼 주렁주렁 매달린 자식들로 휘어진 어머니의 허리를 펴 주기로 결심했지
어머니의 어머니는 더 휘어진 허리를 숙여 50을 넘긴 여자의 어린 시절을 외가로 데려갔지

집으로 돌아가는 길은 꿈에서 걸어간 회수만큼 닳고 닳아 반질거렸고
외롭고 무서운 심장의 상처가 흘린 피는 독버섯을 하나

씩 키우기 시작했지

심장의 피가 키운 독버섯들이 50을 넘긴 중년 여자의 미래를 모두 점령하기 전에

홀로 담을 넘는 달맞이꽃처럼 달빛이 비치는 세상으로 나가려 했지

독버섯이 재크의 콩나무처럼 자라 온 세상을 독 향기의 왕국으로 점령하기 전에

달빛 속으로 걸어가 자신이 태어난 집으로 돌아가려 했지

외가의 벽장에 쌓였던 쥐똥을 세어보던 슬픔도

그날 걸어가다 만난 구름이 별들을 모두 가린 하늘 아래의 외로움도

그날 걸어가다 만난 새벽 노을의 붉은 그리움도

이제는 스스로 아문 상처의 구멍 속에서 사라지고 없지만

그 옛날, 가난한 어머니를 생각하면 가슴속 찬바람이 지나간 기억의 구멍들이 열리고 슬픈 달빛이 강물처럼 흘

러간다

그 옛날, 외가의 어두운 지붕에서 필사적으로 기어 나와 가난한 집으로 돌아가고자 했던 그날 그때의 캄캄한 달빛이

뭉크의 '사춘기'를 바라보며

가난한 화가가 많던 시절 몽마르뜨 언덕에
빈민가 거지군 아이들이 천 년 동안 굶주린 표정으로
허여멀건히 군집을 이루고 있다

입에 겨우 풀칠만 하는 화가 뭉크는
그중 눈에 띄는 성숙한 소녀를 데려와
빵조각이나 약간의 먹을 것으로 옷을 다 벗기고
밀로의 비너스 상을 그리듯
음모도 풍성하지 않고 가슴도 덜 발달 된
설익은 봉숭아 빛 소녀의 누드를 그려
돈 많은 자본가 집단에게 넘긴다

그늘진 소녀의 마음은 무의식적인 불안과 긴장으로
비정상적으로 길게 내리뻗은 팔로 음부를 가려
섹슈얼한 감정을 숨기고 싶지만 잘 숨겨지지 않고
정면을 응시하는 광선 뿜는 강렬한 눈동자는
다 벗겨진 몸이지만 당당하다
길게 늘어진 검붉은 그림자에는 사춘기의 양가적 감정
섹슈얼의 쑥스러움, 호기심, 우울이 투영되어 있다

〉

아, 이 그림은 여고 시절 책상에 앉은 여자의 초상
그 시절 선생님의 모습이 선명하다
어엿한 소녀의 가슴과 겨드랑이 사이를 아무렇지 않게 터치하고
"너는 엉덩이가 커서 애도 쑥쑥 잘 낳겠네!"
은근슬쩍 엉덩이를 툭툭 치고
무방비 상태로 저항도 못 하고
쭈뼛 솟은 머리카락의 심지 발끝까지 뿌리내려
심연의 깊은 수치심과 섹슈얼한 불안이 뒤섞이던 때

호모사피엔스 사피엔스가 생겨난 이래
비정상적인 학대의 대상
찢기도록 가난해 피죽 한 그릇 못 먹을 때도
참혹한 전쟁 중에 거처할 곳 없이 떠돌 때도
여리디여린 육체와 영혼이 다 털리고
온몸으로 피해를 당하는 대상

지구의 안과 밖이 다 뒤집힌 지금

천만년의 시간이 지나 강산이 천만번 변하고

검붉은 회색빛 절망의 나라가 푸른 5월 청자빛 희망의 하늘로 바뀌어도

변하지 않는 것

성을 상품화하는 현존하는 추악한 상업주의

치인癡人의 사랑에서 팜므파탈을 읽다

아사쿠사의 센소지 라이몬 근처 다이아몬드 카페에서 일하는 풋내기 호스티스 나오미
얼굴은 영화배우 메리 픽퍼드 같고
벗겨놓은 알몸은 서양사람 같은 열다섯 살의 소녀
엔지니어 가와이 조지—스물여덟의 군자 같은 남자가
나오미에게 영어와 음악을 교육시켜 아내로 삼겠다고 하며
시작하는 치인癡人의 사랑
소설가가 영화 '마이페어 레이디'의 모티브를 가져온 모양

빨간 슬레이트 지붕의 성냥갑같이 하얀 벽으로 포장된 집
곳곳이 깎여 있는 장방형의 유리창과 정면에 지붕이 달린 현관이 있는 집
보잘것없는 공터가 위치한 문화주택에서 조지와 나오미의 동거가 시작되지

조지가 아침에 출근하면 나오미는 화단의 꽃을 만지는

척하다 영어와 음악을 배우러 간다며 젊은 남자들과 어울리지
댄스홀에 간 조지는 나오미의 문란한 행동에 외출 금지령을 내리는데 나오미는 집으로 남자들을 불러들이네
동백꽃을 꽂은 여자— '라트라비아타'의 비오레타처럼

조지는 나오미를 내쫓고, 나오미가 없는 집은 사막처럼 쓸쓸하고
나오미는 조지에게 부부가 아닌 친구로 지내자고 제안하는데
조지는 다시 부부 생활을 꿈꾸며 나오미를 받아들이네
사랑의 불길로 뛰어드는 불나방처럼

바람둥이고 제멋대로인 나오미는 조지의 애만 태우지
조지와 남자들 사이를 오가는 나오미와의 기묘한 동거는 사치 생활로 이어지고

팜므파탈 '나오미 마약'에 중독된 치인癡人
나오미의 올가미에 갇혀 나오미에게 납작 엎드린 치인

癡人

나오미에게 홀려 맹목적 열정을 쏟아내는 치인癡人

독자인 여자는 나오미의 매력이 부러운 팜므파탈이 되고 싶은 것일까

독자인 여자는 조지의 어리석은 사랑에 동정하는 모범 인생을 원하는 것일까

시인인 여자는 일본 열도를 움직인 이 소설의 유명有名을 원하는 것일까

영화 「기생충」을 보며 내 안의 기생충을 본다

기택이네 가족처럼 백수로 피자 박스 접기는 상상도 못 해봤고,
반지하 하루살이 인생으로 오를 수 없는 계단만 쳐다보는 하류가 아니고,
썩은 무말랭이 냄새도, 행주 삶은 냄새도, 지하철 냄새도 나지 않고,
비가 와서 보금자리가 물바다가 되지도 않는다

오히려 연교처럼 미세먼지 하나 없는 맑고 깨끗한 날씨라고 좋아한다
언어도 다르고, 느긋하고, 부드럽고, 심플하고,
여왕처럼 우아하고, 높은 지대에 자리 잡은 대궐 같은 집에서 아래를 내려보고,
부유한 삶에 젖어 낮은 지대 사람을 보지 못하고,
이중적인 속내를 쉬이 드러내지도 않는다

수백만 원의 디자이너 작품을 우습게 구입하고,
인기 연예인보다 더 연예인같이 가꾸고,
고급 이탈리언 레스토랑에서 주렁주렁 열린 음식들을

끼니처럼 먹고,
멀고 먼 이국땅을 친정집 드나들 듯하고
방 하나는 명품 백으로만 도배된
그런 언니들 옆에 딱 달라붙어서 기생하는 나
영화 기생충을 보며 내 안의 기생충을 본다

상류층도 아니며 상류층의 허영 속에 살고
기를 쓰고 오르려 하지만 가파르고 높은 계단에서 한계를 느끼며
상류층 주위만 맴돈다

"언니들은 왜 이렇게 부자에요?"
"응, 시아버지가 땅하고 선산을 유산으로 주셨고, 친정에서는 건물 두 채 받았어"

한 번 부자는 영원한 부자로
부자도 유전되는 시대에
개천에 살던 용들은 사라져 신분상승의 기회도 사라지고,

부자가 하늘나라에 들어가는 것은

낙타가 바늘구멍 들어가기보다 어렵다는 성경의 복음이 무색하고,

저승의 천국보다 이승의 부자를 꿈꾸는 세상에서

보이지 않는 계급의 서열이 생긴다

이 시대 가난은 지하에 기생하던 또 다른 기생충 문광이 뇌진탕으로 죽어 나가는지도 모르는 세상이기에

나는 오늘도 위험한 생존전쟁의 황금 갑옷, 상류 부자를 꿈꾼다

'바람 아래' 무인텔

6월 붉은 장미의 핏빛 같은 사랑을 나누려고 찾아간다
푸른 바람 아래 서 있는 무인텔 입구로 들어서면
여섯 개의 대륙풍으로 즐비하게 이루어진 룸들 중 한 룸을 선택해 진입한다

GS 25시 편의점에서 산 카스 맥주를 따르고 마른안주를 먹으며 불륜의 불같은 불안을 잠재운다
치얼스 치얼스 볼이 발그레하니 취기 오르면 감미로운 멜로디로 릴렉스한다

바람 든 연인들이 사랑하는 장소라 '바람 아래' 무인텔인지
산을 등지고 지어 바람소리를 음악 삼으라고 '바람 아래' 무인텔인지
알 수는 없으나
'바람 아래' 무인텔이란 이름이 철학적이다
바람 아래 불꽃이 타는 장소니 풍화가인風火家人*이다

바람 아래서 불같은 불륜 너무 뜨겁지 말라고

바람 아래서 불같은 불륜 다 타서 잿더미 되지 말라고
바람 아래서 불같은 불륜을 중화시키는 이름일까
아니지 여자는 새롭게 찾은 불꽃 사랑이 새 운명의 인연들을 낳아
새 황국의 황비가 된 테오도라*의 운명이 시작된 곳으로 해석하리라

하지만 바람 아래 바람맞으며 사랑하다 사랑이 식은 것일까
한국의 테오도라를 구원할 왕자는 떠나고
남은 연인은 푸치니의 나비부인처럼 바람 부는 언덕에서 떠난 연인의 귀환을 기다린다
바람 아래 홀로 서 있는 무인텔처럼

* 풍화가인(風火家人): 주역 64괘의 하나. 바람 아래 불꽃들이 번져 번영하는 형상. 올바른 마음과 한결같은 행동으로 집안이 번성하는 길괘.

* 테오도라: 동로마 황제 유스티니아누스 1세의 황비. 유스티니아누스가 왕자였던 시절 춤과 노래를 파는 창녀였으나 유스티니아누스 첩과 정비를 거쳐 나중에 황비가 되었다. 유스티니아누스의 치세에 풍부한 현실 경험으로 조언을 해 제국의 안정과 기독교의 중흥에 기여해 가톨릭에서는 나중에 성인으로 추존.

코비드 19

검은 그림자가 입에 닿으면
근육통에 고열로 죽을 수 있다고
하얀 마스크가 약 대용을 자처했지

여자가 외출할 때는 마스크 화장을 하지
누가 미녀인지 모르지
마스크만 예쁘면 되지
하얀 감옥이 얼굴을 삼키지

여자가 핸드폰에 도착한 안전문자의 기호를 해석하다가
자주 가는 단골 식당 동선이 나오면
촘촘히 뼈에 박힌 겁먹은 심장은 졸깃졸깃하지
식당은 죄수가 되어 감옥에서 탈옥을 꿈꾸지

여자의 다 자란 아들은 나무늘보처럼 잠을 자고
비대면 강의는 규칙을 느슨하게 하고
설익은 강의는 병든 암탉 소리를 내지
캠퍼스는 학생들을 포기한지 오래
감옥에 쌓여가는 그늘진 공기

아들의 락 스피릿이 터질 듯 저항하네

밖으로만 돌던 불량주부
길들이고 품는 일을 멀리 하니
삐뚤어지겠다던 이불이 서로를 반듯하게 다독이고
입 잘린 우유팩이 장난꾸러기 양말을 뒤집어 끼워 넣고
끈 잘린 쇼핑백은 종류별로 얌전하게 옷을 접어 넣고
냉장고는 제멋대로인 반찬통을 정리하고
모서리가 튀어나온 식탁은 줄을 맞추고
청소기는 우울한 먼지를 닦아내고

여자는 탈옥을 꿈꾸며
없는 일을 만들고 뒤집고 끼우고 깎고 길들이며
말쑥한 감옥을 만든다

흡연예방 교육을 하며

호랑이 담배 피우던 시절보다 더 오래전 이야기
콜럼버스가 등장을 하고
아메리칸 인디언들이 신성시했다는 잎담배 이야기를 한다
초롱초롱 초등생, 호기심 담긴 표정으로
여자의 입이 좌우로 움직일 때마다 폭포수처럼 질문을 쏟아낸다

"여러분, 질문은 끝날 때 한꺼번에 받겠어요."
아이들의 자유로운 영혼이 여자의 열정을 서성이게 하지만
치료 목적으로 반입된 니코틴이 허용된 이유를 주술사처럼 이어간다

화학물질 첨가로 7천 가지 독이 나오고
그 독을 흡입한 사람이 한 해 6만 명이 사망한다는 공포영화 같은 이야기
살충제 마약 성분 니코틴을 흡입하면 혈관이 닫혀 벌레처럼 죽어간다는 이야기

석유의 찌꺼기 타르가 폐에 쌓이면 시궁창을 뒤집어쓴
시궁쥐처럼 온몸에서 악취가 난다는 이야기
산소 공급을 막는 일산화탄소는 스무 살 아가씨 얼굴이
마흔 살 중년처럼 늙어 보이는 이상한 샘물 같은 이야기

세상의 모든 담배를 불량배로 몰아
아이들의 동그란 표정이 더 동그랗게 피어나면
평생 흡연을 하지 않겠다는 선한 예식을 치른 후에
방점을 찍는다

강사료는 두 시간에 14만원
담배회사는 청소년 흡연 예방교육을 후원하고
여자는 그 돈을 받고
국가는 담배회사에서 담뱃세를 걷고
다시 담배회사는 청소년 기호에 맞는 담배를 만들고

실타래처럼 얽히고설킨 침묵의 국가와 탐욕스런 자본
그 속에서 폐암을 사고 간암을 사는 국민이 있다

내 안에서 시인이 태양으로 부상浮桑하는 때는 언제인가

운명은 가상세계이다
환상이 운명의 가상세계에 입성하면
하늘의 별들로부터 공평하게 부여받은 사주팔자를 조합해
부유한 삶이 조화를 이루는지, 학문의 길은 열리는지
천재였다가 둔재가 되는지, 둔재였다 천재가 되는지
재물은 빼앗는지, 빼앗기는지
도화와 홍염으로 끼와 인기가 있는지
뿌리가 있어 신강한지, 신약한지를 살핀다

사주四柱는 기유월己酉月 정관격正官格으로
반듯한 관官을 지녔지만 상관견관傷官見官으로 사회관官은 유야무야有耶無耶
기토己土의 풀꽃처럼 가는 풍모와 유금酉金도화로 타종 같은 목소리에
홍염의 상관傷官으로 강사 30년
일주日柱는 갑진甲辰으로 뿌리가 있는 값진 땅을 생하는 상관생재傷官生財 재생관財生官 사주로 곳간은 평생 황금 들녘처럼 풍요로우나 육친의 복은 숫돌에 간 칼의 푸른빛

으로 파란하다

내 반백 년 그늘진 삶은 천만 년의 삶
비탈진 골을 수없이 오르내리며 지내왔어라

나를 알기 위해 사주팔자 명리를 펼쳐
대운과 세운의 흐름으로 과거의 미래, 미래의 미래를 가늠한다
남은 반백 년의 삶도 운명과 같은 파란, 거칠고 험한 기운 돌지만
그늘진 삶으로부터 끝없이 작별하고 굽어진 명리의 운명을 넘고 넘어라

가슴속 불꽃 같은 열정으로 잠자는 영혼의 시를 깨워
찬란한 태양의 시인으로 부상浮桑하리

귀문관살鬼門關殺 뮤즈

처녀시집 한 권 내려면 수십 편의 시가 필요하지
장시와 단시가 섞여야 하고
우물처럼 깊은 시만 빼곡하면 우물에 빠진 듯 우울하고
깃털처럼 가벼운 시만 주르르 있어도 깃털이 춤추는 듯 하고
적절하게 50편

등단한 지 여러 해를 보내고
반듯한 시집 한 권 출간 못 한 여자를
이 시인이라고 불러주는 문인들

때 묻지 않은 시를 창작하려니
미래파는 기존 시를 파괴해 이미지로 시로 쓰고
문예지는 a, b, c, d급이 있으니 등단은 b급 이상으로 해야 한다나

여자는 이미지로 시를 쓰는 것이 낯설어
한발 물러선 채 낭송만 하며 시 창작을 뒤로 보냈지
〉

시 이론을 마주하며
후대에 길이 남을 시는 이미지 시가 아니고 스토리 시라고
문예지 등단에 급을 매기는 것은 무의미하다는 말에
여자는 새벽마다 창작의 문고리를 다시 잡아당겼지

대중이 공감하기 쉬운 시를 펼칠지
당대 시인들이 인정하는 깊고 넓은 시를 펼칠지
가벼운 다작을 펼칠지
화살표 방향을 찾는 것은 각자의 몫

여자에게 시운이 좋다며 주변 시인들이 말했지
마중물로 시 창고의 시들이 봇물처럼 쏟아질 거라 했지

귀문관살 뮤즈여
여자에게 카산드라의 예지와 바다에 몸을 던진 사포의 정열을 선물하라

생명을 살리는 도시 엘도라도

생명을 살린다는
전설에만 나오는 이상향의 도시
여자가 엘도라도를 방문한다

여자가 엘도라도에 가면
사람들은 황금 대신 수의로 얼굴을 가리고
자신보다 더 큰 거대한 운명을 진 채
각양각색의 목소리로 이야기한다
원대한 꿈을 품고 찾아온 엘도라도에서
꿈과 희망은 사라진 지 오래
수많은 언덕 사이에서 갈 곳을 잃어버린 모습으로
닳고 닳은 이야기만 한다
소리를 지르고, 울고, 웃고
신을 원망하고 사는 것이 지옥이라고
그러기를 반복하고, 멈추고

여자는 치료사처럼
희미한 빛조차 사라져
갈 곳을 잃은 엘도라도 전역에

밝고 말랑말랑한 주술을 부린다
주술이 통하는 날은 생명을 선물로 주는 날

여자는 오늘도 엘도라도를 방문한다
누가 나와 있을까?
청년,
아줌마,
아저씨,
꼬마,
모두 수의로 얼굴을 가리고, 거대한 운명을 진 채
시간의 부활을 기다린다

코미디 공화국

마디모*가 나이롱 환자의 나이롱을 벗긴다는
소문만 무성하다

여자가 구부정한 시절을 안전하게 가다가
신호대기 중 뒤로 조금 밀렸나 보다

피해자는 튀어나온 두 눈을 부라리며
제 목청을 키운다

벗겨 보지 않아도 뻔히 보이는 피해자의 속셈
여자는 울렁거리는 속을 비워 내야 한다

진단서가 곧바로 딱지와 벌점을 바꿔고
요구하는 금전은 임계점을 지난다

투명한 비닐 속 심중을 만지작거리던 새파란 검사는
제 생각을 굳혀버린다

방향은 잃고 소리만 요란한 마디모

코미디 공화국의 안녕한 길은 어디인가

* 마디모: 보험 사기단을 잡는 시스템으로 2013년부터 시행된 제도

제2부

여자의 20대

20대가 시작될 무렵 아버지가 떠난 집은
습기 찬 듯 축축했다
담석증 수술로 입원하신 아버지는
폐암 말기 진단을 받으며
15일 만에 저승 나비 따라 가셨다
눈가에 맺힌 눈물은 골짜기처럼 줄줄 흘렀다
밤마다 들키고 싶지 않은
엄마의 울음소리가 들려왔고,
여자의 뼈와 심장에서는 피가 흘렀다
엄마를 웃게 하고 싶었다
엄마의 웃는 모습이 그리웠다
진학을 포기하고 돈을 벌기 시작했다
한 달에 13만 원 벌었다
1만 원 차비만 남기고 다 드렸다
그늘진 엄마의 표정이 환해지기 시작했다
여자가 소녀가장이 되었으니

큰집 가는 길

눈 쌓인 겨울
칼바람은 고사리의 손과 발을 베어갔고
콧물은 물컹한 젤리가 되어 입으로 밀려들어왔다
짚으로 묶인 털신만 흰 발자국 남겨놓고

걸어도 걸어도 끝이 없어 보이는 길
고개는 고드름처럼 길어
연약한 다리는 끝을 모르고 내딛었다
아버지의 추운 입에서는
조금만 가면 된다, 조금만 더 가면 된다,
도돌이표 목소리만 굴렀다

온몸이 송장처럼 굳어 갈 즈음
도착한 큰집

어른이 되어 다시 찾아왔다
비포장은 아스팔트
한 시간 걸었던 길은 차로 십분
그 길을

이제는 아들과 걸어본다

조금만 가면 된다, 조금만 더 가면 된다,
아버지의 음성이 뒤를 따라오고 있다

대학진학

아버지가 없는 세상은 빛이 보이지 않았다
걱정을 켜켜이 쌓던 어머니는
처녀 적에 배웠다던 재봉틀을 잡으셨다
동생들이 하나 둘 고등학교 졸업을 할 무렵
마음이 문고리를 잡고 있던 야간 대학에 진학을 했다
어머니는 우리 형편에 대학을 간다고 '미친년'이라고 했다
욕이 부푼 가슴을 깎아 내렸지만 고집을 포기하지 않았다
소녀가장은 졸업하고 동글동글 까만 눈동자의 아이들을 가르치기 시작했다
별빛이 초롱초롱할 때까지 가정집을 방문했다
여느 집 가장의 한 달 월급보다 많았다
엄마의 표정은 다시 환해지기 시작했다

이사

우리 가족은 삼복 더위에 이사를 했다
살아본 적도 없는 낯선 곳으로
짐을 끌고 이 집 저 집 수차례 다녔지만
헌 집을 두고 올 때마다
누가 대패로 마음을 긁어내는 듯했다

유년시절의 이사는
막막한 기억으로 남아 있다
느릿한 말투의 시골 소녀는
공업 도시 투박한 사투리에 놀림 받기 일쑤였다
숙맥처럼 숫기가 땅으로 박혀 목에서는 개미 소리가 났다
맥락 없는 환경에 적응은 꿈도 못 꿨다

아버지가 공직을 내려놓고 꿈을 펼치러 간 도시
슬픔의 심장이 정지된 도시
아버지는 그곳에서 6년 사시고
하얀 나비 되어 홀로 저승으로 이사하셨다

결혼 1

친구 소개로 만난 남자와 설악산으로 등산을 갔지
남자가 눈 쌓인 언덕에서 미끄러져 실족하려던 나를 잡아줬지

함께 찍은 포즈가 모델 같다고
꼭 보여주고픈 연극표가 있다고
애정물인지 애로물인지 영화를 보러 가자고
순백의 해운대 모래사장을 달리자고
흔한 호기심을 비추는 친구에게 소개시켜 주겠다고
순도 높은 다정함으로
푸릇한 핑계로 불러내던 듬직한 음성
하루도 건너뛰지 않고 기를 쓰고 남자를 만났지
핑크빛으로 밤을 새워 전화하고
허겁지겁 편지까지 썼지
꿈같은 만남은 헤어질 때마다 머뭇거리게 했지
내 심장을 닮은 남자와 같이 살고 싶어
남자의 집안과 멀미 나는 상견례를 했지

똘망한 아이가 생기고

계절이 수십 번 건너뛰고
영원할 거 같았던 뜨거운 날들도 지나고
여자와 남자 사이에 사랑의 온도는 무채색이 되어갔지

결혼 2

울산 큰 애기가 바다를 떠나 무주 골짜기에
두런두런 살림을 차렸지
낯선 곳에서 꿈같던 나날을 보내며
큰 산 같던 남자만 바라보았지
남자가 결혼 1주년을 기념하자며
바다가 고향인 여자를 군산 앞바다로 데려갔지
남자와 비릿한 냄새와 활어회로 허기를 채우고 돌아오는 길에
추적추적 내리는 빗소리에 홀렸는지
가도 가도 길치처럼 같은 길로만 뱅글뱅글 돌았지
그 암시가 다람쥐 쳇바퀴 도는 인생의 시작인지 몰랐지
거친 파도 같은 굴레인지 몰랐지

어머니의 7주기

비는 어머니의 분신

눈물샘이 고장 났었지
3년 동안 콸콸 쏟아지고도 마르지 않았지
기일마다 하늘도 같이 울어주었지
여행 중에도
우리 곁을 떠날 때도 하늘은 울어주었지

어느덧 7주기
눈가에 맺혀 있던 눈물은
흘러흘러 세월의 바다 속으로 밀려들어갔지
이제는 가슴에서만 울음소리가 나지

찰떡궁합

밑동 통통한 배추를 툭툭 잘라 소금에 절인다
바다를 가라앉힌 까나리 액젓, 작열하는 태양 빛의 고추 한 주먹
농부가 애지중지 키운 밥 한 덩이, 맑은 햇살 같은 마늘 한 옴큼과 생강 한 알을
믹서기에 넣고 간다
푸릇한 쪽파를 썰고 갈아놓은 양념에 매실 약간을 넣고 버무린다
다 버무려진 겉절이에 고소한 통깨와 싱싱한 정성을 얹는다

펄펄 끓는 물에 암퇘지 한 근
된장 조금, 미림 한 술, 양파 한 개, 파 두 뿌리를 넣고
푹 끓여 야들야들 독기를 뺀다
열기에 식은땀이 줄줄 흘러 들어간다

구수한 냄새가 피어난다
뜨거운 김이 모락모락 올라온다
수육이 듬성듬성 썰어진다

〉

배고픈 가족들 입에 들어가기 전에
기름이 찍찍 흐르는 고기를 겉절이와
내가 한 입 맛본다
궁성과 합이 찰떡이다

남자와 처음 만났을 때
손금을 봐주며 우리는 찰떡궁합이라고
함께 살면 손끝에 물 한 방울 안 묻게 해준다더니
내 열 손가락 지문이 주부습진으로 다 뭉개져 있다

엄마가 되는 일

보통의 엄마가 되는 일은 어려웠다
좋은 엄마가 되는 일은 배운 적도 없었다
무심했던 어릴 적 엄마의 기억을 하나씩 더듬어 갔다
꼭 한번 거쳐야 하는 경고와 협박도 관망했다
아껴둔 물건이 부서져도 애써 관대했다
걱정이 뭉게뭉게 피는 일은 웃음으로 지웠다
그래도 아이들은 틈 없는 엄마를 힘들어 했다
아이들의 사춘기가 오고
아이들은 밖으로만 도는 공부를 가만히 두었다
아이들은 선인장 가시 같은 반항을 했다
호르몬 짙어지는 아이들의 사춘기와 전쟁을 치렀다
아이들의 아픈 상처엔 점점 덫이 나기 시작했다
아이들의 시간을 기다렸다
바람처럼 돌고 돌아 아이들은 제자리로 돌아왔다

밥만 잘 먹이면 제 할 일 알아서 한다는 것을
아이들을 다 키우고야 알았다

감정 세척

여자는 슬픈 감정을 두 번 펌프질해서
오른쪽으로 기울어진 머리채를 잡고
물기 없이 말라가는 오늘의 그늘을
쉼 없이 문지른다

검은 유리창 속에 비친
희뿌연 안개 속으로
여자를 떠나간 것들이 흘러내린다

깨끗해진 그릇들을 제자리로 보내고 나서야
여자는 오른쪽으로 기울어진 머리채를 바로 세운다
이제는 걸치고 있는 것들을 벗어야 할 시간이다

아들이여, 거인이 되라

아들은 11살인데, 초등학교 1학년 키다
군대가 무섭다더니 키 크기를 멈춘 것일까
학교에서 돌아와 놀이터로 나가는 날은
학년의 징표인 교과서를 갖고 나간다
그런 날이 몇 해나 도돌이표로 돌고 돌더니
아들은 입원을 하고 홀몬 결핍이라는 진단을 받는다
진단서는 허벅지, 엉덩이, 팔에 주사 바늘을 찌르게 하고
바늘을 찌를 때마다 내 명치에서는 울음소리가 난다
바늘의 흔적이 늘어날수록 아들의 키와 나이는 함께 자라서
영장이 배달되고
아들이 입대하는 날
휴게소에서 우동을 삼키는데
빡빡 깎은 파란 머리들만 눈에 들어온다
그 순간 남자아이만 징용하는 제도에
불량한 마음이 든다
그런 표정을 들여다보던 아들은
의연한 얼굴로 나를 달랜다
〉

아들이여 거인이 되라
재크의 콩나무를 기어 올라가 거인을 만난 후
거인의 어깨에서 세상을 보라
나는 기도한다

적상산 마을 무주에서

적상산은 여인의 붉은 치마를 펼쳐놓은 듯 화려하지
붉은 음기를 누르려 푸른 남근을 들고 올라갔다는 전설이 있지

사택 등나무 그늘 아래 새댁들 모이면
무주의 붉은 음기를 옹기종기 입담으로 풀지

동그스름한 산줄기가 여자의 가슴 모양인지 산 모양인지 구분이 어렵고
순수혈통 무주 여인은 서구 인형처럼 이목구비가 또렷해
외부 남정네들이 무주로 들어오면 서구 인형의 붉은 빛에 반하지

기울어진 읍내에서 밤마다 마실 나가는 여인들
낮에는 멀쩡한 학부형이
밤에는 네온사인 화려한 곳으로 담을 넘는다는 소문이 있지

무주에 10년을 살며 아이 둘 낳고 꽃향기 품던 시절

남자가 밤의 수평선을 넘어
붉은빛의 여인들에게 홀릴까 봐 애를 태우던 시절

무주 그린 휴양지에서 시어머니 79세 생신을 치른 뒤
익숙한 무주 읍내를 통과하고 있네
뜨겁던 시간 지나 생애 이정표는 완경기를 향해 가고
무주 새댁 30대 시절이 밝은 햇살에 주마등처럼 지나
가네

제3부

산에 오른다

욱신거리는 통증, 몸에서 씻어내려 산에 오른다
오르고 올라 무릎 관절 헉헉거려도
가슴의 통증 다리로 내려오지 않는다

구겨진 새벽에 어둠을 다림질하며
나를 둘러맨 등산 가방은 낯선 곳으로

펄펄 끓는 통증 몸에서 씻어내려고
무릎 관절 헉헉댈 때까지
오르기를 되새김질하는 것이다

그렇게 오르고 올라
나무에 걸쳐진 바람, 햇볕 가슴에 들이고
앙금 꺼내면
남은 울음, 폭포수가 씻어낸다

그리움을 재우다

바람이 지나간 침대 오른쪽에서 당신과 나누던 불량한 열정이 깨어난다

다 핀 장미의 역사는 닳고 닳아 심장에서 멀어지고

당신의 코드를 내 코드에 맞추며 설레었던 기억들
극장에서
식당에서
커피숍에서
공원에서
어두운 새벽은 왔다

당신의 얼굴이 타오르는 불꽃처럼 환하게 나타났다 사라지면
우리는 끝처럼 처음으로 돌아갔다

우리는 세 번째 경유지를 지나고 있을 바람의 맥박을 찾아
북상하는 그리움을 침대 오른쪽에서 잠재운다

〉

재워도 재워지지 않는 눈뜬 그리움을

플래카드

폭설에 눈꽃이 차가움에 기대어 흔들리듯
고개를 꼿꼿이 쳐든 플래카드
기둥에 기대어 흔들린다

플래카드는 몸을 내주다가
귀퉁이마다 찢긴 모습으로
촘촘히 박힌 흰 뼛속
소금기 서걱거리는 아픔을 견딘다

수십 번씩 기울어진
파란 핏물 자국으로
땅, 대박이라 새긴 플래카드
리어카에 실린 젖은 폐지처럼 늘어진다

가녀린 종이장 같은 플래카드
부풀어 오른 거품을 걷어내며
할 일을 다 한 생의 끝 무렵에서
꽃상여 필 때까지
감정의 두께를 조절한다

〉

바라보지 않는 무표정과
감정을 벗어날 수 없는 무표정으로
살아나고 있는 플래카드

빗장

여자가 한 번도 가 보지 않은 곳에서
담백하게 마주한 당신은
꼬장꼬장한 벽
몸에 콕 박혀 있는 용심은 비릿하다

집 밖에서 당신은 맑은 울림이었지만
남모르게 둘만의 비밀을 엮어
날카로운 빗장 채우고 싶었나 보다
날마다 여자의 귓전에는
우려지지 않은 멍들만 날아든다

여자는 도가니에 빨간 감정을 물들이고
은밀한 숫돌 위에
비릿한 몸을 올려놓는 공상을 한다

한 해 두 해 지나자
흰 눈 수북한 당신의 머리에
먹물자국 가득한 얼굴이
녹슨 철문의 빗장으로 서 있다

〉

여자는 한순간 무너진다
녹슨 철문의 빗장이
비릿하기만 했던 여자의 몸에서
잔잔한 파도로 일렁인다

당신의 안부가 궁금하다

십이월에 여자는
하얀 눈보라를 대지로 끌어와
무릎에 앉히고
바람으로 떠나간 당신의 안부를 묻는다

목이 시린 해가 물고 간 것은 당신뿐이다
눈 위에 남아 있는 그림자가 희다

구름의 입술 같은 문양의
긴 설명서가 필요한 날

북두칠성 허기진 동굴 속으로
변온동물처럼 들어간 당신
담백한 고립을 즐긴다는 것을
눈보라만 알고 있었다

멀리 달아나던 당신의 모습에
여자의 왼쪽은 멍 자국들로 붉게 흔들렸지만
여자의 오른쪽은 검은 돌들의 무게를 애써 감췄다

〉

여자의 몸에 푸른 녹들이 돌 때
여자는 손님처럼 오늘을 방문해
떠나간 당신의 안부를 묻는다

당신과 여자의 거리

여자는 버스터미널로 향했고
당신은 기차역으로 향했다

철커덕, 당신이 살고 있는
그 도시의 작은 소음에도
귀를 쫑긋 세우는 버릇이 생겼다

당신이 떠난 후 추억은 조각조각 나눠지고
오른쪽으로 붙었다가
다시 왼쪽으로 기운다

깊숙한 구멍 하나 파인 자리에
뻣뻣한 석고붕대가 틈을 막고
호흡을 가로채고 있다

여자가 구멍이 파인 자리를 만진다
아프다 거기 있는
당신이 남기고 떠난 오늘
여기서 여자는
허물 수 없는 벽의 벽화가 되어간다

그곳에서 길을 찾는다

저녁 시냇가의 물결 소리처럼
너는 여자를 찾아온다
꽃들의 달콤한 시간
꿈처럼 짧은 삼일을 주고받으며
화살의 날개 단 능선 위에서
하룻밤 동안 십 년의 꽃이 피고 진다
불빛들 사이에서 돌고 돌다가
너와 여자는 달구어지고, 섹시해지고
돌아가고 또 돌아오고
스테이지, 스테이지
꼬쟁이에 낀 것을 벗으려는 몸의 반란
점점 돌진하는 문어가 되어간다
그래, 그대로다
너와 여자는 이십대처럼
저 불빛에 다 불타고 싶어
캄캄한 밤에 붉은 해가 불쑥 솟는 환상을 꿈꾼다
아주 가끔씩 여자의 속에서 자라는
너를 곁에 두고 싶을 때마다
여자는 그곳에서 길을 찾는다

드라마가 시작되는 날 사랑도 시작된다

인생이 드라이하고 시든 날
이병헌, 김태희 주연의 20부작 〈아이리스〉 광고가 화려하다

13년을 함께한 멀쩡한 가정을 버리고
한눈에 반한 유럽의 거장 로베르토 로셀리니와의 사랑을 위해 떠난 잉글리트 버그만

밋밋하고 사랑이 소멸된 결혼 생활에 지루함을 느끼다
젊고 패기 넘치는 장교 브론스키와
붉은 장미 같은 사랑을 쏟아낸 안나 카레리나

그녀들의 삶을 꿈꾸며
이번 드라마 〈아이리스〉의 여주인공은 여자가 되기로 한다

잉글리트 버그만과 운명처럼 만났다는 로베르토 로셀리니처럼
첫눈에 반한 현준과 북해도로 떠나 강렬한 눈빛을 주고

받고
영원한 사랑을 약속하고 그대로 죽어도 좋다고 되뇌고

결혼한 유부녀가 꿈꾸는 금지된 사랑을 하는 안나 카레리나처럼
브론스키 닮은 남자 배우랑 만나 헤어지기 싫어 애를 태우고
뜻하지 않는 오해로 이별하고 가슴이 불타는 아픔으로 다시 재회하고

드라마가 시작되는 날은 새로운 사랑도 시작되는 날
시작부터 엔딩까지 여배우가 되어 생애 최고의 운명 같은 사랑을 한다

사랑도 죽음처럼 강하다

여자의 엄마에게 대망암*으로 6개월 시한부 선고가 내려진다

여자의 엄마가 통증이 심한 날 "나 죽을병이냐?" 물어보면 여자는 울음으로 얼룩진 목소리를 감추고

"엄마는 인중이 길어 100살까지는 산대요"

여자는 엄마와 나란히 누워 회귀 여행을 떠난다

불꽃 같았던 엄마의 처녀 시절로 건너가 푸르고 붉은 비단 스카프를 팔던 생활력으로 5남매를 호사스럽게 키우던 이야기

아빠가 바람피울 때 언니를 들쳐 업고 뒤를 밟아 현장을 덮친 산전수전 이야기

여자가 저녁마다 추억 속으로 떠나는 여행은 가슴에서 피가 줄줄 흘러 시냇물이 된다

여자의 엄마는 다시 쓰러져 호스피스 병동으로 가시고

"호스피스 병동에서 돌아가실 때 산소호흡기 안 꽂아요. 동의서에 서명하세요." 하는 간호사의 말에

여자는 묵묵히 갈등하다가 가시에 찔린 명치로 "예" 하고,

여자의 동생은 다니던 직장을 던지고 수액으로 하루하루 앙상한 뼈만 드러내는 엄마의 병간호를 맡고, 여자는 동생의 삼시세끼를 배달하고

엄마의 통증은 나날이 커져 여자의 마음에 핀 지옥의 꽃들은 열두 번도 더 부서지고

여자는 신에게 눈물로 호소한다

간호사가 "오늘부터 담당 선생님 바뀝니다." 라는 말과 동시에 청춘 영화 '추억'의 로버트 레드포드를 닮은 의사가 옥골선풍의 광채와 함께 병실 문 입구에서 다가온다

여자는 순간 심장이 목까지 내려온 홍조로 장미처럼 붉어지고,

여자는 죽음의 검푸른 향기를 뿜는 엄마의 상태를 물어오는 의사를 차마 쳐다보지 못하고,

시간의 수평선에서 엄마의 죽음이 거북등처럼 굽어 있는데

그 속에서도 청춘의 환상에 젖은 여자의 영혼

〉

인간의 사랑도 죽음만큼이나 처절하고 강렬해 더 슬프고 슬픈 날

여자의 사랑이 슬픈 날

* 대망암: 위 바깥쪽부터 복부 전체로 앞치마 모양으로 퍼진 암

제4부

트레킹

무거운 그늘을 버리러 떠난다
배낭에는 꼭 필요한 설렘만 넣어
낯설고 푸릇푸릇한 5월의 봄 속으로
어머니의 품 같은 호수를 보며
아껴둔 바람과 손 맞잡고
하늘로 닿는 커다란 문이 있는 곳으로
물빛 찬란한 데크 위를 가로질러
경이로움을 차곡차곡 눈에 담으며
미소 띤 얼굴이랑 노닥거리며
두 다리 힘이 빠질 때까지

기차여행

사춘기 때
깔깔깔 웃으며 떠난 기차여행
의자를 마주 보게 돌려
친구들의 활짝 핀 웃음무늬 눈에서 눈으로 날리고
손뼉 치며 유행가도 부른다

출출해지면
기차에서 삶은 계란과 사이다를 번갈아 먹고
오징어에 땅콩도 돌돌 말아 먹는다

울산에서 강릉까지 밤 기차로 떠나는 여행은
설렘과 두려움을 동시에 경험하며
어른이 되는 일이다

기차가 낯선 플랫폼에 정차할 때마다
마음에 뭉쳐 있던 매듭을 한 가닥씩 풀어낸다
세 번째 역에서는 그늘이 뛰어내리고
다섯 번째 역에서는 밝은 빛이 들어온다
기차가 종착역에 도착해서야

더 성숙해진 자신과 마주한다

오늘은 KTX에 오르며
두리번두리번 사라진 것들을 찾아본다
옛날의 빛이나 그늘은 사라진 지 오래고
오직 돌아오는 시간만을 사고 있다

다시 일을 시작한다

코로나가 삼켜버린 일
놀다 지친 느슨한 날들을 복기하며
올해 달력은 스케줄로 빽빽이 채우기로 했다

자격증을 따고 자소서를 쓰고
정열적이던 20대와 다르지 않다고
거울에 비친 50대 여자는 신이 났다

천진한 아이들을 만나는 일은
천진해지는 일
조잘조잘 때 묻지 않은 수다쟁이들
매일 동화 속 주인공을 만나러 간다

갱년기 완승

뼛속 조급함을 꺼내서 던진다
머릿속 기억들 깜박깜박 헝클어진 폐형광등
50년 이리저리 끌고 다니던 몸뚱이는 수시로 침대에 기댄다
기왓장 같은 무릎은 구멍이 났는지 서걱거리고
신발장의 뾰족구두는 주인 잃고 구석에 처박혔다
불타던 심장은 누가 파먹었는지 텅 비었다
녹슨 감정도 말갛게 변했다

눈 감고 세월 더듬어 스무 살 무렵으로 가 본다
가난을 벗겠다고 독기 품고 뛰어다니던 시절
깡마르고 지친 소녀 가장만 보인다
돌이켜봐도 돌아가고 싶지 않은 시절
독기 빠진 지금 갱년기 완승이다

언니들

환갑 지난 언니들은 십대 소녀들이다

도솔산 오르며
모아 두었던 수다 보따리를 풀면 네 시간도 모자라고
댄스로 다져진 두 다리는 가파른 절벽도 가볍다

언니들은 두 번째 절기인 우수에 봄 햇살 떼구르르 구르는 모습 눈에 넣고
깔깔깔 웃음 버무려 도솔산 정상에 오른다

아지트 벤치에서
배낭 속
사과 두 개
한라봉 한 개
모시떡 조금
카페라떼를 펼쳐놓고
누가 지나가든 말든
언니들은 노닥거리며 도파민을 충전한다
〉

봄 햇살에 비친 동심 어린 표정이 영락없는 십대 소녀들이다

건강검진

건강검진에서 자궁에 혹이 있다는 판정을 받았다

혹 자리를 눌러보며
나 자신에게 남은 시간을 재어본다
혹이 자라는 동안
나 자신에게 붙어 있는 '혹시나'를 떼어내야 한다

죽음도 만질 수 있다면
죽음도 커져갈 수 있을까

지천명이 지나면서
비우고 비웠는데
비운 자리에 혹이 자라고 있었다니

이제는 혹이 나를 비워야 할 날들이다

인월寅月 봄의 소리

길어지는 해 그림자 가슴에 노크하는 소리
파릇한 두릅, 냉이 비집고 올라오는 소리
새 학년 새 학기 두근두근 심장 박동 소리
지루한 겨울을 창고에 보관하는 소리
봄동 겉절이 입맛 돋는 소리
시냇물 ㄹㄹㄹ 얼음 깨는 소리
사다리차 이사하는 덜커덩 소리
두터운 코트 세탁소 실려 가는 소리
뒷산 운동화 밝고 경쾌한 소리
지천명 오춘기 피어나는 소리
처녀들 향긋한 바람에 쩔쩔매는 소리
삐악삐악 병아리 봄볕 물어오는 소리
재수생 막내 서둘러 책장 넘기는 소리
사랑꾼 애타는 쫄깃한 심장 소리
시샘 꾼 찬바람이 머뭇거리는 소리
도다리 쑥국 원기 회복하는 소리
땅속 기운 대지를 박차는 피 끓는 소리
봄의 숨소리 들려오는 인월

272계의 계단

품위 있는 여행을 떠난다
여행객 8단이나 9단만 찾는 나라
정글 숲 녹지와 도시가 어우러져
깨끗함과 푸르름이 펼쳐진 곳
남아도는 석유로 차 안의 공기가 냉기로 가득 찬다
바이오 젤이 피어나는 팜나무로 둘러싸인 곳을 출발해
바투 동굴에 도착하니
입구에는 무르간이 늠름히 버티고 서 있다
죄를 사하기 위해 272계단을 오른다
겹겹이 쌓인 과거의 죄를 사하려면 왼쪽으로
투명한 현재의 죄를 사하려면 중앙으로
불투명한 미래의 죄를 사하려면 오른쪽으로 가야 한다
사람의 죄는 272개
내가 지은 죄는 몇 개일까
오후 햇살이 따갑게 내리쬐는데
투명한 현재의 계단을 밟는다
한 계단 오를 때마다 한 가지씩 죄를 지운다
땀 국물이 뚝뚝 떨어지듯
몸속 뼈까지 촘촘히 박혀 있던 죄들을 부러뜨려 나간다

시란

표현하기 어려운 자신을 보여주고
그늘진 세상을 비틀고
흐르는 일상을 사선으로 보고
들어오는 생각을 정지시키고
서정의 구덩이를 파고
번역 가능한 원시어로 말하고
전생의 전생에 읽었던 시집을 모방하고
감정을 훔치고
여행으로 낯선 세계의 경계를 엿보고
경험의 조각들을 맞추고
일어날 수 있는 일들을 상상하고
정직하게
솔직하게
생각을 거짓 없이 옮기는 고해성사

잠자는 숲속의 공주

프랑스 파리 패셔니스타의 맵씨를 뽐내던 옷장 속의 옷도
티브이 화장품 광고모델 여배우의 도자기 피부로 순백의 광채를 내던
화장대의 화장품도
빽빽한 스케줄이 숭숭 구멍 난 스케줄로 나른한 날
여자는 잠자는 숲속의 공주

희뿌옇게 집 안 곳곳에 주저앉은 먼지를 흡입하는 청소기도
자음과 모음으로 푸르고 붉게 오염된 접시를 닦는 주방의 싱크대도
하루의 구겨지고 얼룩진 자존심을 세탁하는 세탁실의 세탁기도
모두 널브러져 게으른 낮잠을 자기에
여자는 잠자는 숲속의 공주

그런 날
만리장성 오토바이 자장면 소리만 분주하고

여자는 자장면 한 그릇 먹고
천 년 동안 마법에 걸린 공주처럼 침대에서 스르르 꿈속으로 빠지고
침대 위 꽃과 잎사귀 푸른 줄기 무늬의 신비로운 이불은
여자를 더 세게 잡아당겨 깊고 깊은 잠 수렁에 빠지게 하고
무심코 손에 닿은 거울에 비친 잠자는 숲속의 공주는
마법을 풀어줄 왕자를 기다리는데

왕자가 없어서
여자는 잠자는 숲속의 공주

김장을 담근다

올해도 김장을 담근다
통관절차가 끝난 절임 배추는
늘 꿈꾸는 꿈같은 일

작년에도 포기하고
올해도 포기한
삼백 포기

죽어야만 새로 태어나는 김치
밭에서 뽑히면서 죽고
조각으로 갈라지며 죽고
소금에 죽고
허리가 휘어지고
속을 비워낼수록 여자의 몸도 죽어간다
다만 작년과 다르다면
내리쬐는 햇볕에 얼굴 그을릴까
구겨진 모자를 바로 세워주시던
주인 잃은 의자
〉

그 의자가 그늘 속에 있다는 것

클라우디아 쉬퍼를 꿈꾼다

계절이 건너뛸 때마다
구매 욕구가 올라와 웹 서핑을 즐기지
아나운서 협찬 룩과 늘씬한 모델 룩을 기웃거리지
갱년기 이후 몇 년째 장롱만 차지하지만
살을 빼고 입겠다며 클릭클릭

저녁마다 수변공원을 걸으며
어깨를 바로 세우고
가슴을 살짝 내민 후
괄약근에 힘을 주고
하나둘 셋 넷
마사이족처럼 땀이 쏘옥 빠지도록

순금은 도금할 필요가 없고 미인은 화장이 필요 없다지만
영원한 아름다움을 꿈꾸는 여인인 나
인터넷 웹서핑을 하며 패셔니스타들만 입는다는
스몰 사이즈 화려한 옷을 기웃거리는 여인인 나
나는 미인의 8부 능선을 넘어
클라우디아 쉬퍼를 꿈꾸는 여인

발문

『그 여자, 캄캄한 달빛』을 읽고

최태호(문학박사, 중부대학교 한국어학과 교수)

살아가면서 정말 행복한 날이 얼마나 될까? 오늘은 그 행복한 날들 중 하루다. 수많은 제자들이 있지만 이은숙 시인만큼 다재다능한 제자가 있을까 싶을 정도로 척척박사다. 무슨 일을 맡겨도 아무 걱정하지 않고 기다리면 되는 재능 있는 제자다. 39년의 교단 세월에서 많은 시인들을 배출했지만 오늘처럼 즐거운 날은 많지 않다. 정말 기쁘고 신이 난다.

이 시인의 시를 읽고 읽노라면 백거이의 시를 읽는 것처럼 자연스럽게 흘러가고 있는 시어들을 만나고, 누구나 이해할 수 있는 쉬운 어휘로 감동을 주고 있음을 느낀다. 옛말에 '한가무월색(寒家無月色: 가난한 집안에는 달빛도 없다=〉가난한 선비는 달빛을 볼 겨를도 없다)'이라고 했다. 그녀의 시를 읽고 있노라면 오히려 달빛이 찾아오고, 달빛이 따라오고 있는 듯한 느낌을 지울 수가 없다.

50을 넘긴 여자가 어머니를 생각하면 그 옛날 외가로 가던 길에 찬바람이 분다
언제부터인가
그때 찬바람이 지나간 가슴속 구멍들이 대나무 죽순처럼 커지기 시작한다

50을 넘긴 여자가 낮잠에서 깨어보면 외가의 낯선 천장이 천 길 낭떠러지처럼 내려온다
50을 넘긴 여자가 21세기의 생명—화폐의 성공을 찾기 전에는 자신이 태어난 집에 갈 수 없다는 암시의 절망처럼

어머니의 어머니는 가난에 흥부네 박처럼 주렁주렁 매달린 자식들로 휘어진 어머니의 허리를 펴 주기로 결심했지
어머니의 어머니는 더 휘어진 허리를 숙여 50을 넘긴 여자의 어린 시절을 외가로 데려갔지
집으로 돌아가는 길은 꿈에서 걸어간 회수만큼 닳고 닳아 반질거렸고

외롭고 무서운 심장의 상처가 흘린 피는 독버섯을 하나씩 키우기 시작했지

심장의 피가 키운 독버섯들이 50을 넘긴 중년 여자의 미래를 모두 점령하기 전에

홀로 담을 넘는 달맞이꽃처럼 달빛이 비치는 세상으로 나가려 했지

독버섯이 재크의 콩나무처럼 자라 온 세상을 독 향기의 왕국으로 점령하기 전에

달빛 속으로 걸어가 자신이 태어난 집으로 돌아가려 했지

외가의 벽장에 쌓였던 쥐똥을 세어보던 슬픔도

그날 걸어가다 만난 구름이 별들을 모두 가린 하늘 아래의 외로움도

그날 걸어가다 만난 새벽 노을의 붉은 그리움도

이제는 스스로 아문 상처의 구멍 속에서 사라지고 없지만

그 옛날, 가난한 어머니를 생각하면 가슴속 찬바람이 지나간 기억의 구멍들이 열리고 슬픈 달빛이 강물처럼 흘러간다

그 옛날, 외가의 어두운 지붕에서 필사적으로 기어 나와 가난한 집으로 돌아가고자 했던 그날 그때의 캄캄한

달빛이

—「가난한 집으로 가는 길에는 캄캄한 달빛이 있다」 전문

시를 짓는 것이 아니라 마치 시가 따라오듯이 음유하고 있음을 본다. 평소 시인의 삶이 그렇다. 아무것도 하지 않는 것처럼 조용히 살면서 하지 않은 것이 없다. 노자의 삶을 추구한 것은 아닐진대 어느 곳에 가도 시인의 흔적이 나타나 있음을 본다. 진정으로 멋진 사람은 떠나 봐야 아는가 보다. 대학원을 졸업하고 곁에서 멀어져 있는 제자의 빈자리가 너무 컸다. 코비드－19로 인하여 학생들을 만나기도 힘든 시절이 되었다. 그나마 이은숙 시인과 함께 즐겁게 강의실에서 시를 논하던 시절이 몹시도 그립다. 시를 논하면서 서로의 의견을 피력하고 토론하면서 시적 감흥을 키워나가던 시절이 있었다. 아주 오래전에 필자는 비가 무지하게 내리던 날 은사님과 세검정에서 막걸리를 마시면서 한시를 논하고 다산의 목민심서의 한 구절을 놓고 격론을 벌였던 적이 있다. 흥분한 친구는 세검정 물속에 뛰어들기도 했다. 그리고 이제는 시대가 흘러 필자가 강단에 서서 한국어와 문학과 문화를 논하면서 외국인에게 한국어를 가르치는 교수법과 인생을 논하고 있다. 그 자리에서 이은숙 시인과 필자는 문학을 통해서 깊은 공감대를 형성했었다. 이상의 시를 논하면서 저항시의

의미를 바꾸어 보기도 했고, 문학 거꾸로 읽기를 통해서 시대상을 음미해 보기도 했다. 시는 시대를 반영하기 때문에 역사가 할 수 없는 일을 문학이 하고 있음을 토로하였다.

시인은 영혼이 맑아야 한다. 공자의 말대로 '생각함에 사특함'이 없어야 한다. 이 시인의 글에는 사특함이 없다. 마치 물 흐르는 듯한 자연스러움과 인간미가 넘친다. 그녀의 삶이 그렇다. 많이 경험하고 여러 가지 일을 모두 할 수 있는 능력의 소유자 같다. 시인은 문학과 더불어 사는 진정한 문학인이다. 그 이상의 말이 필요 없다. 자신의 위치에서 최선을 다하며 사는 '다운 사람'이다. 어느 곳에 속하든지 자신의 최선을 다하기 때문에 결이 곱다.

해설

카산드라와 사포가 아닌 황금 시인이 되리라

김백겸(시인)

이은숙 시인의 시집 『그 여자, 캄캄한 달빛』은 시인 자신의 일대기(biography)이다. 필자가 70을 바라보는 지금은 동양의 시간관인 1갑자를 통과해 두 번째 순환을 살고 있으니 미로의 순환을 살고 있는 것이 인생이라는 생각이 든다. 별들의 순환이 고대 바빌로니아와 고대 중국에서 확립한 점성술의 체계에서는 양자 모두 60년을 사이클의 기본으로 한다.

인간은 시간의 미로와 마음의 에너지가 만들어내는 심리 미로를 동시에 걸어간다. 두 형태의 미로가 만나는 상황과 사건들, 그리고 그 사건들이 불러오는 경로변경과 나비효과가 인간의 이성을 초월해 있다는 점에서 옛사람들은 인생을 '팔자소관'이라는 촌철살인의 명언으로 표현했다.

사주팔자의 기호 코드(code)는 미로 그림의 도형 같다. 미로 도형의 설계는 걸어가는 자가 중심에 도달하기 위해 여러 가지 장애물과 우회도로를 거치는 과정이거나, 미궁에 갇힌 자가 우회 미로를 돌아 탈출하는 과정으로 설계된다. 필자가 명리학을 독학하면서 느낀 점은 명리학은 종교나 수행서에서 말하는 것처럼 미궁에서 벗어나 유니버스로 나아가는 길을 보여주는 것이 아니고 개인들의 인생이 중심으로 나아가는 길을 보여주고 있다는 것이다.

사주 코드는 부귀빈천과 길흉화복이라는 미로의 길들인데 개인은 별들의 위치가 설계한 오행(五行) 에너지의 코드대로 세상을 욕망하고, 시공간에 스스로의 길을 낸다. 가설은 그렇다 치고, 이 미로의 중심은 무엇인가. 그 중심은 라깡식으로 해설하면 실재계(實在界)—죽음이다. 명리학이 보여주는 수요빈천(壽夭貧賤) 부귀공명(富貴功名)의 코드는 상징계의 기호라 할 수 있고, 삶—욕망이 상상하는 세계를 인간이 관념화한 상징계(정치, 경제, 법과 문화 등)의 보자기 중 하나이다. 상징계는 실재계를 싸고 있는 인간의 의식인데, 해석자가 여러 겹으로 묶인 보자기의 매듭을 풀어 의식의 기호 코드를 해체하고 나면, 결국 실재계—죽음과 만나게 된다. 명리학의 코드는 죽음에 이르는 중심의 미로를 끝없이 지연하면서 삶의 욕망을 안내하는 역할을 한다. 실재계—죽음은 언제든지 이 상징체계를 지울 수 있는 힘이 있는데 명리학은 그 중심축을 피해 인생이라는 미로의 길을 안내하는 일종의 지혜서라고 생각한다.

시인의 다음 시는 '나는 누구인가'라는 현실적인 물음으로 명리를 독학해 자신의 운명을 진단하고 이 명리의 미로로부터 새로운 길로 바꾸고자 하는 의지를 드러낸다.

미로 — 크레타 왕궁의 지하로 안내하는 아리아드네의 실

운명은 가상세계이다
환상이 운명의 가상세계에 입성하면
하늘의 별들로부터 공평하게 부여받은 사주팔자를 조합해
부유한 삶이 조화를 이루는지, 학문의 길은 열리는지
천재였다가 둔재가 되는지, 둔재였다 천재가 되는지
재물은 빼앗는지, 빼앗기는지
도화와 홍염으로 끼와 인기가 있는지
뿌리가 있어 신강한지, 신약한지를 살핀다

사주四柱는 기유월己酉月 정관격正官格으로
반듯한 관官을 지녔지만 상관견관傷官見官으로 사회관官은 유야무야有耶無耶

기토己土의 풀꽃처럼 가는 풍모와 유금酉金도화로 타종 같은 목소리에
홍염의 상관傷官으로 강사 30년
일주日柱는 갑진甲辰으로 뿌리가 있는 값진 땅을 생하는 상관생재傷官生財 재생관財生官 사주로 곳간은 평생 황금 들녘처럼 풍요로우나 육친의 복은 숫돌에 간 칼의 푸른 빛으로 파란하다

내 반백 년 그늘진 삶은 천만 년의 삶
비탈진 골을 수없이 오르내리며 지내왔어라

나를 알기 위해 사주팔자 명리를 펼쳐
대운과 세운의 흐름으로 과거의 미래, 미래의 미래를 가늠한다
남은 반백 년의 삶도 운명과 같은 파란, 거칠고 험한 기운 돌지만
그늘진 삶으로부터 끝없이 작별하고 굽어진 명리의 운명을 넘고 넘어라

가슴속 불꽃 같은 열정으로 잠자는 영혼의 시를 깨워
찬란한 태양의 시인으로 부상浮桑하리

—「내 안에서 시인이 태양으로 부상浮桑하는 때는 언제인가」 전문

명리학의 용어가 사용되어 낯선 독자가 있겠지만 이 시의 재미있는 점은 시인이 “운명은 가상세계이다”라고 정의한 데 있다. 동식물은 가상세계가 없다는 점에서 운명은 기호적 상상의 그림이라는 점을 암시한다. 동양의 사주팔자는 하늘의 순환을 10간(干)으로 나누는 코드와 지상의 순환을 12지(支)로 분류한 코드의 조합이 인간이 태어나는 순간에 정해지는 연월일시 코드이다. 이 코드는 동양식 사이언스인 음양오행(陰陽五行)의 체계로 이루어지는 에너지와 시간을 암시하고 있어 한 인간이 걸어가는 시간의 순환(10년 단위로 변경되는 대운과 1년 단위의 세운) 에너지와 만나 복잡한 모델을 만들어낸다.

위 시에서 시인은 운명을 믿지만 동시에 자신의 삶을 개척하고자 하는 의지를 드러낸다. “나를 알기 위해 사주팔자 명리를 펼쳐/대운과 세운의 흐름으로 과거의 미래, 미래의 미래를 가늠한다/남은 반백 년의 삶도 운명과 같은 파란, 거칠고 험한 기운 돌지만/그늘진 삶으로부터 끝없이 작별하고 굽어진 명리의 운명을 넘고 넘어라”라는 언술은 시인이 운명을 벗어나 새로운 삶을 꿈꾸는 것인데, 특이하게도 그 운명의 목표는 시인이다. “가슴속 불꽃 같은 열정으로 잠자는 영혼의 시를 깨워/찬란한 태양의 시인으로 부상浮桑하리”라고 말하고 있으니.

이 시가 흥미롭게 다가와 이 글의 말 머리에 도입했는데, 과연 시인의 삶에 “찬란한 태양의 시인”이 약속되어 있는지 살펴본다. 시인의 동의를 얻어 만세력(萬歲曆)에서 얻은 시인의 사주 코드는 다음과 같다. '정미(丁未)년 기유(己酉)월 갑진(甲辰)일 기사(己巳)시가 팔자인데, 일간인 갑목(甲木)이 가을 유(酉)월에 태어났으니 신약(身弱)일뿐더러 인수(印綬) 코드인 수(水)의 도움이 없으므로 부모와 학문의 현실적 도움이 약하다고 판단된다. 저간의 그런 사정을 그려낸 시가 있다.

미로의 시련 – 가난

20대가 시작될 무렵 아버지가 떠난 집은
습기 찬 듯 축축했다
담석증 수술로 입원하신 아버지는
폐암 말기 진단을 받으며
15일 만에 저승 나비 따라 가셨다
눈가에 맺힌 눈물은 골짜기처럼 줄줄 흘렀다
밤마다 들키고 싶지 않은
엄마의 울음소리가 들려왔고,
내 뼈와 심장에서는 피가 흘렀다
엄마를 웃게 하고 싶었다
엄마의 웃는 모습이 그리웠다
진학을 포기하고 돈을 벌기 시작했다

한 달에 13만 원 벌었다
1만 원 차비만 남기고 다 드렸다
그늘진 엄마의 표정이 환해지기 시작했다
여자가 소년가장이 되었으니

—「여자의 20대」 전문

50을 넘긴 여자가 어머니를 생각하면 그 옛날 외가로 가던 길에 찬바람이 분다
언제부터인가
그때 찬바람이 지나간 가슴속 구멍들이 대나무 죽순처럼 커지기 시작한다

50을 넘긴 여자가 낮잠에서 깨어보면 외가의 낯선 천장이 천 길 낭떠러지처럼 내려온다
50을 넘긴 여자가 21세기의 생명—화폐의 성공을 찾기 전에는 자신이 태어난 집에 갈 수 없다는 암시의 절망처럼

어머니의 어머니는 가난에 홍부네 박처럼 주렁주렁 매달린 자식들로 휘어진 어머니의 허리를 펴 주기로 결심했지
어머니의 어머니는 더 휘어진 허리를 숙여 50을 넘긴 여자의 어린 시절을 외가로 데려갔지

집으로 돌아가는 길은 꿈에서 걸어간 회수만큼 닳고 닳아 반질거렸고

외롭고 무서운 심장의 상처가 흘린 피는 독버섯을 하나씩 키우기 시작했지

심장의 피가 키운 독버섯들이 50을 넘긴 중년 여자의 미래를 모두 점령하기 전에

홀로 담을 넘는 달맞이꽃처럼 달빛이 비치는 세상으로 나가려 했지

독버섯이 재크의 콩나무처럼 자라 온 세상을 독 향기의 왕국으로 점령하기 전에

달빛 속으로 걸어가 자신이 태어난 집으로 돌아가려 했지

외가의 벽장에 쌓였던 쥐똥을 세어보던 슬픔도

그날 걸어가다 만난 구름이 별들을 모두 가린 하늘 아래의 외로움도

그날 걸어가다 만난 새벽 노을의 붉은 그리움도

이제는 스스로 아문 상처의 구멍 속에서 사라지고 없지만

그 옛날, 가난한 어머니를 생각하면 가슴속 찬바람이 지나간 기억의 구멍들이 열리고 슬픈 달빛이 강물처럼 흘러간다

그 옛날, 외가의 어두운 지붕에서 필사적으로 기어 나
와 가난한 집으로 돌아가고자 했던 그날 그때의 캄캄한
달빛이

—「가난한 집으로 가는 길에는 캄캄한 달빛이 있다」
전문

이은숙 시인의 대운(大運)도 20대까지는 신약(身弱)이 관살(官殺)의 세례를 받으니 어려운 시기가 된다. 그러나 원국(原局)에 없는 수(水) code인 편인(偏印)과 정인(正印)이 대운(大運)의 20-30대 들어와 신약을 보조하니 학문의 인연이 열려 야간대학에 진학하고 과외 강사로 자립하는 현실적인 도움이 일어났다고 해석된다.

가을의 갑목은 사주체의 조후(調候)가 얼어붙는 위험이 있어 한기(寒氣)인 수(水)의 과잉을 반기지 않지만 원국에 수(水) 코드가 하나쯤 있었으면 인생이 보다 수월했을 것이다. 하지만 꿩 대신 닭으로 상관(傷官)인 정화(丁火)가 조후 용신으로 들어와 있고 년지(年支)와 시지(時支)에 통근(通根)하고 있으니 상관(傷官) 에너지가 강하다. 상관(傷官)인 정화(丁火)가 빼어난 목화통명(木火通明) 사주체이기에 인생은 발산하려 하고 목적을 정하면 직진하는 과단성이 있다. 사주체에 상관의 기운이 강하면 남녀를 불문하고 평균적으로 총명하고 아름다운 용모를 띠는 경향이 있다. 옛날에는 기생이나 광대의 사주로 천대

받았으나 오늘날에는 연예인이나 방송계로 진출하여 대접받는 사주체이다. 이런 사주체는 나를 드러내는 표현력이 빼어나니 종종 예술가의 사주도 된다. 이은숙 시인이 시도 쓰고 그림도 그리는 이유가 여기에 있다고 본다.

이 명식(命式)에서 강한 오행은 재성(財性) 코드—월간(月干)과 시간(時干)에 투간된 기토(己土)이다. 일간 갑목(甲木)은 갑기합토(甲己合土)로 온통 마음이 토(土)로 기울고 있다. 사주체는 길흉을 떠나 에너지 코드가 가장 강한 오행에 끌려가니 이 사주 에너지는 재성(財性) 코드—돈과 현실의 성공을 향해 달려간다. 현실을 얻는 수단과 능력으로서 상관(傷官) 에너지가 강하니 이 명식은 몸이 무너지는 것을 마다하지 않고 사업과 일에 분투해 현실을 얻고자 하는 사주로 해석된다. 그러나 이 명식은 약간의 재다신약(財多身弱)이기에 어릴 적에는 재물로 고통을 받았고, 대운이 목(木)으로 흐르는 동안 일간이 강해지는 40대, 50대에 재물과 현실이 얻어지고 60대, 70대에는 대운이 화기(火氣)로 흘러 상관 코드가 꽃피우니 인생에서 제일 좋은 시기가 된다. 이 시기에 이은숙 시인의 "가슴속 불꽃 같은 열정으로 잠자는 영혼의 시를 깨워/찬란한 태양의 시인으로 부상浮桑하리"라는 소망이 실현될 것인지 궁금하다. 사주팔자의 미로는 별들의 프로그램이기 때문이고, 그 프로그램의 코드는 빙산의 일각처럼 전체의 일부만을 보여주는 상징 코드이기 때문이다.

미로의 시련—결혼

친구 소개로 만난 남자와 설악산으로 등산을 갔지

남자가 눈 쌓인 언덕에서 미끄러져 실족하려던 나를 잡아줬지

함께 찍은 포즈가 모델 같다고
꼭 보여주고픈 연극표가 있다고
애정물인지 애로물인지 영화를 보러 가자고
순백의 해운대 모래사장을 달리자고
흔한 호기심을 비추는 친구에게 소개시켜 주겠다고
순도 높은 다정함으로
푸릇한 핑계로 불러내던 듬직한 음성
하루도 건너뛰지 않고 기를 쓰고 남자를 만났지
핑크빛으로 밤을 새워 전화하고
허겁지겁 편지까지 썼지
꿈같은 만남은 헤어질 때마다 머뭇거리게 했지
내 심장을 닮은 남자와 같이 살고 싶어
남자의 집안과 멀미 나는 상견례를 했지

똘망한 아이가 생기고
계절이 수십 번 건너뛰고
영원할 거 같았던 뜨거운 날들도 지나고

여자와 남자 사이에 사랑의 온도는 무채색이 되어갔지

—「결혼 1」 전문

울산 큰 애기가 바다를 떠나 무주 골짜기에
두런두런 살림을 차렸지
낯선 곳에서 꿈같던 나날을 보내며
큰 산 같던 남자만 바라보았지
남자가 결혼 1주년을 기념하자며
바다가 고향인 여자를 군산 앞바다로 데려갔지
남자와 비릿한 냄새와 활어회로 허기를 채우고 돌아오
는 길에
추적추적 내리는 빗소리에 홀렸는지
가도 가도 길치처럼 같은 길로만 뱅글뱅글 돌았지
그 암시가 다람쥐 쳇바퀴 도는 인생의 시작인지 몰랐지
거친 파도 같은 굴레인지 몰랐지

—「결혼 2」 전문

이은숙 시인은 월지(月支)에 정관(正官) code가 있다. 명리서의 고전 『자평진전(子平眞詮)』은 일간과 월지의 관계를 사주체의 격국(格局)으로 설정하고, 사주체가 세상을 살아가는 기본 방향으로 제시한다. 이 code가 천간(天干)에 투간(投干)해 현실에 작용하는가와는 상관없이 태어나는 달은 오행의 하나를 가리키고(이 월령(月令)은 지구가 태양을 23.5도로 기울어져 공전하기에 사계의 변화가 만들어지면서 음양의 소장(消長)이 일어나서 사주체의 음양—즉 오행의 방향을 결정한다.), 자평진전은 이 오행의 방향을 천문(天文)의 거역할 수 없는 명령으로 해석한다. 월지 정관(正官)이 하늘이 명한 격국이니 이은숙 시인이 세상을 바라보는 시각은 인간사회의 기본질서를 반듯하게 받아들이고, 결혼해 자식을 낳은 역할에 충실하게 된다. 그러므로 남편이 될 남자를 만났을 때 하늘이 정한 방향에 따라 "남자의 집안과 멀미나는 상견례"를 하고 "똘망한 아이가" 생겨나는 길을 따른다.

그러나 강한 상관(傷官) 에너지는 정관을 추월해서 자신을 드러내는 기운이니 잉꼬 부부 같은 금슬은 아니다. "영원할 거 같았던 뜨거운 날들도 지나고/여자와 남자 사이에 사랑의 온도는 무채색이 되어갔지"라는 표현의 시간들이 다가온다. 그리고 미로 인생은 흘러가 "그 암시가 다람쥐 쳇바퀴 도는 인생의 시작인지 몰랐지/거친 파도 같은 굴레인지 몰랐지"라는 감정을 초래하지만 다행히 정관(正官)이 천간에 투간되지 않았기에 상관견관(傷官見官)의 현실적인 이별은 일어나지 않고 비유하자면 타조가 타조를 보는 무심함으로 결혼 인생을 견디게 된다. 그러나 이 사주체의 일간 갑진(甲辰)은 배우자 자리인 진토(辰土)가 재성(財性) 코드이기에 배우자는 현실적인 수입으로 이 시인을 돕는다는 암시를 품고 있다. 갑목(甲木)은 진토에 뿌리내리고 사주체의 길을 가고 있으니 이 시인의 현실은 남편의 수입으로 생계를 유지하는 가정에 있다.

인생은 남자 여자의 달콤한 금슬로 이루어지는 그림이 아니다. 부부의 길은 두 남녀가 만나 경제 현실을 헤쳐가고 자손을 낳아 자연의 사명을 다하고 인생의 천명대로 죽음에 이르는 길이다. 인간이 통과의례를 거치는 세 가지가 있으니 아기가 1년을 지나 인생의 시작을 알리는 돌잔치(서양은 세례식)와 남녀가 배우자를 만나 자식을 낳겠다는 약속인 결혼식, 그리고 한 인생의 마감을 알리는 장례식으로 이루어진다. 돌잔치와 장례식은 개체 의지와 상관없이 일어나지만 결혼식은 개체의 욕망과 의지가 작용해 배우자를 선택한다고 생각할 수 있다. 하지만 명리학은 결혼의 선택도 천문(天文)이 정한 code로 방향을 걸어간다고 해석한다.

미로의 시련 3—죽음과 사랑

여자의 엄마에게 대망암으로 6개월 시한부 선고가 내려진다

여자의 엄마가 통증이 심한 날 "나 죽을병이냐?" 물어보면 여자는 울음으로 얼룩진 목소리를 감추고

"엄마는 인중이 길어 100살까지는 산대요"

여자는 엄마와 나란히 누워 회귀 여행을 떠난다

불꽃 같았던 엄마의 처녀 시절로 건너가 푸르고 붉은 비단 스카프를 팔던 생활력으로 5남매를 호사스럽게 키우던 이야기

아빠가 바람피울 때 언니를 들쳐 업고 뒤를 밟아 현장을 덮친 산전수전 이야기

여자가 저녁마다 추억 속으로 떠나는 여행은 가슴에서 피가 줄줄 흘러 시냇물이 된다

여자의 엄마는 다시 쓰러져 호스피스 병동으로 가시고

"호스피스 병동에서 돌아가실 때 산소호흡기 안 꽂아요. 동의서에 서명하세요." 하는 간호사의 말에

여자는 묵묵히 갈등하다가 가시에 찔린 명치로 "예" 하고,

여자의 동생은 다니던 직장을 던지고 수액으로 하루하루 앙상한 뼈만 드러내는 엄마의 병간호를 맡고, 여자는 동생의 삼시세끼를 배달하고

엄마의 통증은 나날이 커져 여자의 마음에 핀 지옥의 꽃들은 열두 번도 더 부서지고

여자는 신에게 눈물로 호소한다

간호사가 "오늘부터 담당 선생님 바뀝니다." 라는 말과 동시에 청춘 영화 '추억'의 로버트 레드포드를 닮은 의사가 옥골선풍의 광채와 함께 병실 문 입구에서 다가온다

여자는 순간 심장이 목까지 내려온 홍조로 장미처럼 붉어지고,
여자는 죽음의 검푸른 향기를 뿜는 엄마의 상태를 물어오는 의사를 차마 쳐다보지 못하고,
시간의 수평선에서 엄마의 죽음이 거북등처럼 굽어 있는데
그 속에서도 청춘의 환상에 젖은 여자의 영혼

인간의 사랑도 죽음만큼이나 처절하고 강렬해 더 슬프고 슬픈 날
여자의 사랑이 슬픈 날

—「사랑도 죽음처럼 강하다」 전문

타나토스와 에로스의 길항은 인생 드라마에 굴곡을 만든다

인간은 고투의 삶 속에서 사랑과 희망을 갈구하지만 인생의 미로에는 예기치 못한 비극적 상황이 온다. 시인의

사랑하는 엄마가 대망암으로 죽어가는 상황에 이른다. 엄마의 과거는 딸의 현재를 있게 하는 사건들이고, 그 사건들은 딸의 회고를 통해 다시 꽃처럼 피어나는 시간들이 된다. 딸은 "불꽃 같았던 엄마의 처녀 시절로 건너가 푸르고 붉은 비단 스카프를 팔던 생활력으로 5남매를 호사스럽게 키우던 이야기/아빠가 바람피울 때 언니를 들쳐 업고 뒤를 밟아 현장을 덮친 산전수전 이야기/여자가 저녁마다 추억 속으로 떠나는 여행은 가슴에서 피가 줄줄 흘러 시냇물이 된다"는 표현처럼 시인은 엄마이자 딸인 여자들의 영원한 이야기로 죽음을 위로한다.

프로이드는 인간에게 내재한 에로스의 힘과 타나토스의 길항이 인간 존재를 구성하는 에너지의 변화라 생각했다. 인간은 타나토스의 씨앗을 품고 에로스의 시간에서 태어나 타나토스의 절정에서 에로스의 촛불을 마지막으로 태우고 죽음으로 돌아간다. 시인은 어머니의 죽음이 임박한 때에 시인의 마음을 빼앗은 에로스의 사건과 조우한다. "시간의 수평선에서 엄마의 죽음이 거북등처럼 굽어있는데/그 속에서 청춘의 환상에 젖은 여자의 영혼"이 있고, 시인은 이러한 죽음과 사람의 양가(兩價) 감정을 다음과 같이 표현한다. "인간의 사랑도 죽음만큼이나 처절하고 강렬해 더 슬프고 슬픈 날/여자의 사랑이 슬픈 날".

육친의 엄숙한 임종에서도 죽음은 타자의 죽음이기에 인간은 죽음의 실제 느낌은 알 수 없다. 인간은 죽은 후에 기억을 할 수 없으니 죽음에 대해서 증거 할 수 없다. 그러나 에로스의 사랑은 지금 현재에서 일어나기에 심장은 생생하게 기억하고 남은 시간에서도 압화(押花)로 남은 에로스의 기억을 바라본다. 죽음이 도착하는 마지막 순간까지도.

인생이 드라이하고 시든 날
이병헌, 김태희 주연의 20부작 〈아이리스〉 광고가 화려하다

13년을 함께한 멀쩡한 가정을 버리고
한눈에 반한 유럽의 거장 로베르토 로셀리니와의 사랑을 위해 떠난 잉글리트 버그만

밋밋하고 사랑이 소멸된 결혼 생활에 지루함을 느끼다
젊고 패기 넘치는 장교 브론스키와
붉은 장미 같은 사랑을 쏟아낸 안나 카레리나

그녀들의 삶을 꿈꾸며
이번 드라마 〈아이리스〉의 여주인공은 여자가 되기로 한다

잉글리트 버그만과 운명처럼 만났다는 로베르토 로셀

리니처럼
첫눈에 반한 현준과 북해도로 떠나 강렬한 눈빛을 주고받고
영원한 사랑을 약속하고 그대로 죽어도 좋다고 되뇌고

결혼한 유부녀가 꿈꾸는 금지된 사랑을 하는 안나 카레리나처럼
브론스키 닮은 남자 배우랑 만나 헤어지기 싫어 애를 태우고
뜻하지 않는 오해로 이별하고 가슴이 불타는 아픔으로 다시 재회하고

드라마가 시작되는 날은 여자의 새로운 사랑도 시작되는 날
여자가 시작부터 엔딩까지 여배우가 되어 생애 최고의 운명 같은 사랑을 한다

—「드라마가 시작되는 날 여자의 사랑도 시작된다」 전문

인생은 에로스의 환상이 있는 한 우울증이나 공황장애의 타나토스의 세력에 굴복하지 않는다. 에로스의 환상은 삶—욕망에너지의 기표이기 때문이다. 삶—욕망에너지는 시인이 사추기에 이른 시기에도 불타올라 환상을 불러온

다. 시인은 "밋밋하고 사랑이 소멸된 결혼 생활에 지루함을 느끼다 젊고 패기 넘치는 장교 브론스키와/붉은 장미 같은 사랑을 쏟아낸 안나 카레리나" 같은 위험한 일생을 몽상하기도 한다.

필자는 시인의 인생에 에로스의 환상이, 도화의 별들이 언제 들어오는가를 자미두수(紫薇斗數) 명반을 펼쳐 추적해 본다. 자미두수는 중국 황실의 비전(秘傳)이었으나 청나라가 멸망하고 중국공산당 시절에 숨었다가 홍콩으로 망명한 가문의 후손이 1980년대에 공개하면서 대만과 일본과 한국에 전해진다. 사주체의 생년월일로 자미포국의 12명반을 구성하지만 팔자의 오행이 아니라 신살(神殺)로만 구성한다. 신(神)은 현재 시간의 지평선에 떠올라 지금의 운명에 작용하는 별이고, 살(殺)은 지평선 아래에 있어 지금 현재는 아니지만 미래에 혹은 과거에 작용할 것이거나 작용했던 운명의 별이다. 자미포국의 명반에는 누구에게나 이런 에로스의 상승, 곧 도화가 발산하는 시기가 있다. 개인에 따라 어떤 시기인가가 다르고, 그 강약이 있을 뿐인데 사주체의 청소년기나 노년에 이런 별들이 들어오면 인생이 부자연스럽게 흘러간다. 시인의 경우에는 관록궁의 대운 36세~45세의 사이에 주성(主星)인 자미(紫薇), 염정(廉貞), 탐랑(貪狼)과 보조성인 홍란(紅鸞), 함지(咸池), 천희(天喜)들이 들어오니 이때가 에로스의 상승을 부추기는 별들이 인생의 한가운데를 비치는 시기이다. 아마도 이때에 시인에게 관심을 보이는 사람들(남여를 포함한다)이 많았으리라 생각된다. 별들의 아름다운 에너지들이 시인을 후광처럼 감싸고 있었을 것이기 때문이다.

미로의 시련, 성숙과 풍요

마음의 감기를 앓고 있는 당신에게 소중한 생명을 사랑하자는 메시지를 전하려고 생명 지킴이가 된다
OECD국가에서 자살률 1위라는 불명예를 굳건히 지키고 있는 대한민국
마음의 폐렴이 깊어진 당신에게 살아 있다는 감정이 소중하다는 말을 전하려고 전화기를 든다

생명의 전화—상담소 전화기는 늘 쉴 새 없이 울리고
생명의 전화—줄을 타고 도착하는 울부짖는 목소리는 분노와 한이 담겨 있네
사막의 능선에서 보름달을 향해 홀로 울부짖는 늑대처럼

슬픈 목소리는 말하지
젊은 남자가 군에서 선임에게 묻지마 폭행을 당해 트

라우마가 생겼다고
슬픈 목소리는 말하지
젊은 여자가 어릴 때 오빠처럼 배우지 못하고 일하는 사회로 내보낸 엄마가 원망스럽다고
슬픈 목소리는 말하지
중년의 가장이 몸이 아파 가족부양을 할 수 없는 현실이 힘들다고
슬픈 목소리는 말하지
사랑에 굶주린 자가 배신당한 분노에 쌓여 온몸을 칼로 긋는 자해로 자신을 처벌한다고
슬픈 목소리는 말하지
남편의 폭력으로 자존감이 그릇처럼 부서지고 이를 배운 아이들이 아비를 닮아가기에 내면의 상처에서 피를 흘리고 있다고

아비지옥 같은 세상에서 사랑에 굶주린 사람들이 고통을 호소하네
아비지옥 같은 현실에서 벗어나지 못하는 개미들이 비명을 지르네
이 지옥 같은 삶에서 벗어나고 싶다고
이 사막 같은 현실을 지나 푸른 숲의 자유와 오아시스의 행복이 있는 세상에서 살고 싶다고

한 줄기 희망은 '생명의 전화'에 전화를 하고
한 줄기 희망 '생명의 전화'는 그 슬픈 이야기를 들어주고
한 줄기 희망 '생명의 전화'는 그 희망을 다시 이야기해준다

인간은 마음에 피 흘리는 상처가 치유되어야만 재활의 삶으로 걸어갈 수 있기에
한 줄기 희망이 때로는 나의 아팠던 과거를 펼쳐서 홀로 있음이 아님을 알려주고
한 줄기 희망이 당신처럼 과거에 상처 받은 내가 희망을 주는 일을 하게 되었음을 말한다
한 줄기 희망이 그들과 함께 현실의 어두운 숲에서 햇빛이 환한 공감의 광장으로 손잡고 나간다

생명의 전화에서 만난 다양한 사람들의 힘든 삶—인생의 상처를 파워포인트로 만들어 교육을 간다
자살 예방 교육현장에서 만나는 또 다른 사람들에게 생명의 감수성을 터치하고 회복시키려 교육을 간다
창의재단에서 기획한 재능기부 프로그램에 참가해 아픈 심장처럼 엔진이 털털거리는 기아 모닝차를 끌고 사회의 상처에 옥도정기를 바르러 간다

사랑하는 당신들, 살아가야 하는 이유를 너무 거창하게 생각하지 말라고
사랑하는 당신들, 때로는 한 잔의 맥주와 스파게티가 있는 식사 때문에 살맛이 난다고
사랑하는 당신들, 때로는 한 잔의 소주와 삼겹살이 있는 자리 때문에 살맛이 난다고
사랑하는 당신들, 때로는 내 앞에 있는 리차드 기어나 레오나르도 디카프리오를 닮은 사람이 있기에 살맛이 나기도 한다고
사랑하는 당신들, 행복은 생각보다 작은 것에 있다고

—「생명의 전화」 전문

이은숙 시인의 일간인 갑목(甲木)은 큰 나무의 상징이니 운명의 시련에 부러질지언정 허리를 굽히지 않는 기상의 에너지를 가지기도 하지만 큰 나무로 성장하면 자신의 그늘을 타인들에게 베푸는 성향도 가진다. 시인은 시집 전체를 통해 자수성가처럼 주로 과외 강사와 사회교육 강사를 하면서 자신의 길을 개척한다. 현실에서는 돈을 버는 행위가 타인에게 도움을 주고 기르는 직업을 통해 이루어지는 것은 시인의 명조 목화통명의 에너지 구조가 타인에게 알게 모르게 빛을 주기 때문이라 해석된다.

시는 "생명의 전화에서 만난 다양한 사람들의 힘든 삶—인생의 상처를 파워포인트로 만들어 교육을 간다/자살

예방 교육현장에서 만나는 또 다른 사람들에게 생명의 감수성을 터치하고 회복시키려 교육을 간다/창의재단에서 기획한 재능기부 프로그램에 참가해 아픈 심장처럼 엔진이 털털거리는 기아 모닝차를 끌고 사회의 상처에 옥도정기를 바르러 간다"라는 표현을 한다.

별들이 디자인한 사주의 운명이 바뀔 수가 있는가? 바뀐다면 사주 명식의 의미가 없지 않은가 하는 쟁점이 있다. 임상을 많이 한 전문가들의 의견은 바뀔 수 있다고 한다. 인간의 운명(運命), 즉 변화의 길을 가는 개인은 그 행위의 노력으로 부산에서 서울로 가는 기본 목표의 길은 바꾸지 않으나 시간의 사다리타기 게임에서 고속도로를 갈 것인지 국도로 갈 것인지 산악의 비포장도로 갈 것인지가 선택적으로 결정된다고 한다(대운(大運)이라는 시간 에너지를 고속도로와 국도와 비포장도로 해석하는 명리학자도 있다). 경로의 변경을 위해서는 여러 방책 중 첫 번째가 '적선지가필유여경(積善之家必有餘慶)'의 길인데 조선의 500년 동안 살아남은 명문가를 조사한 임상결과로 증명된 사항이라는 해석이 있다. 시인이 타인의 아픔에 대한 공감능력을 보여준 시가 위의 「생명의 전화」인데, 이번 시집 『그 여자, 캄캄한 달빛』에서 가장 아름다운 시이다. 메시지가 훌륭하고 감정의 운율도 자연스럽거니, 상담자로서 시인의 처방이 재미있다. 처방은 고차원적인 철학이나 사상이 아니라 일상의 자그마한 행동으로 자신을 구할 것을 주문하고 있어서이다. 위의 시의 마지막 연을 다시 보자.

> "사랑하는 당신들, 살아가야 하는 이유를 너무 거창하게 생각하지 말라고/사랑하는 당신들, 때로는 한 잔의 맥주와 스파게티가 있는 식사 때문에 살맛이 난다고/사랑하는 당신들, 때로는 한 잔의 소주와 삼겹살이 있는 자리 때문에 살맛이 난다고/사랑하는 당신들, 때로는 내 앞에 있는 리차드 기어나 레오나르도 디카프리오를 닮은 사람이 있기에 살맛이 나기도 한다고/사랑하는 당신들, 행복은 생각보다 작은 것에 있다고"

타인에 대한 이런 대동(大同)의 공감이 이은숙 시인의 미로를 때때로 비포장도로에서 국도로 운명의 네비게이션이 작동하지 않았을까 생각한다.

미로의 종착은 황금 시인?

처녀시집 한 권 내려면 수십 편의 시가 필요하지
장시와 단시가 섞여야 하고
우물처럼 깊은 시만 빼곡하면 우물에 빠진 듯 우울하고
깃털처럼 가벼운 시만 주르르 있어도 깃털이 춤추는

듯하고
적절하게 50편

등단한 지 여러 해를 보내고
반듯한 시집 한 권 출간 못 한 여자를
이 시인이라고 불러주는 문인들

때 묻지 않은 시를 창작하려니
미래파는 기존 시를 파괴해 이미지로 시로 쓰고
문예지는 a, b, c, d급이 있으니 등단은 b급 이상으로 해야 한다나

여자는 이미지로 시를 쓰는 것이 낯설어
한발 물러선 채 낭송만 하며 시 창작을 뒤로 보냈지

시 이론을 마주하며
후대에 길이 남을 시는 이미지 시가 아니고 스토리 시라고
문예지 등단에 급을 매기는 것은 무의미하다는 말에
여자는 새벽마다 창작의 문고리를 다시 잡아당겼지

대중이 공감하기 쉬운 시를 펼칠지
당대 시인들이 인정하는 깊고 넓은 시를 펼칠지

가벼운 다작을 펼칠지
화살표 방향을 찾는 것은 각자의 몫

여자에게 시운이 좋다며 주변 시인들이 말했지
마중물로 시 창고의 시들이 봇물처럼 쏟아질 거라 했지

귀문관살 뮤즈여
여자에게 카산드라의 예지와 바다에 몸을 던진 사포의 정열을 선물하라

—「귀문관살鬼門關殺 뮤즈」 전문

귀문관살은 귀신이 드나드는 문이니 꿈의 내용이 잘 맞는 등 영적인 능력이 뛰어나다는 신살(神殺)인데, 창의력, 직관력, 순간적인 집중력 같은 것이 뛰어나 공부를 잘하는 사람이나 예술가들에게 많이 보인다. 사주체의 지지(地支)에 자미(子未), 축오(丑午), 인미(寅未), 묘신(卯申), 진해(辰亥), 사술(巳戌)의 조합이 있을 경우인데, 다행히 시인의 명조에서는 이 조합이 없으니 뛰어난 시인이 되기를 바라는 시인의 원망(願望)이 드러난 시이다. 시는 귀문관살(鬼門關殺)이라는 특이한 제목을 잡아 재미있는 시가 되었지만 필자가 생각하기에 사주에 이런 흉살(凶殺)까지 들어와 뛰어난 시인이 되어야 할 이유가 있을까? 문자로 쓴 시가 이미 자본시장에서 몰락한 지가 한참 되었는데!

과거에 시가 문학의 엑기스, 곧 예술의 꽃이었던 시기가 있긴 하다. 예술은 아름다움을 목표로 하지만 아름다울 미(美)를 파자해 보면 고대 중국 북방의 유목민족에게 양(羊)이 크게(大) 자라는 것이 아름다움이었으니 지금 시대에는 황금이나 계좌에 잔고가 많은 것과 일맥상통한다. 아름다움이란 그 어원이 재산의 많음에서 시작되었으니, 정보가 기하급수적으로 늘어가는 메타버스의 시대에 시의 아름다움은 이미 교환 가치를 상실한지 오래다. 자본시대에는 연인이 사랑의 마음을 전달하기 위해 시를 적어 편지로 보내던 과거의 행위는 일종의 해프닝이 되어 있다. 황금을 소유하고 연인에게 기프트 카드를 선물하는 자가 시인이다. 결혼시장에 나온 남녀가 모두 배우자의 재산을 아름답게 쳐다보는 시대이기 때문이다.

이은숙 시인이 "귀문관살 뮤즈여/여자에게 카산드라의 예지와 바다에 몸을 던진 사포의 정열을 선물하라"라고 언명한 수사는 아름답지만 자미두수로 본 이은숙 시인의 명반은 장차 76세에 무곡(武曲) 천부(天府)로 시작해 86세에 시작하는 태음(太陰)의 재물성이 묘(廟)하고 화록(化祿)이 붙어 95세까지 황금을 소유한 자본의 시인이 될 것임을 예언하고 있으니 하늘의 별들이 디자인한 인생의 수수께끼 같은 미로는 개인의 의지와는 상관없이 흘러가리라고 본다.